Inhalt

Inhalt

Hallo! Mit diesem Heft kannst du ganz alleine üben. Das geht so:

- Löse die Seiten in beliebiger Reihenfolge und in deinem Tempo.
- Klebe an den dafür vorgesehenen Stellen den Aufkleber mit der passenden Regel ein. Der Klebebogen befindet sich in der Heftmitte.

- Präge dir die Regel ein.
- Überprüfe deine Lösungen nach jeder fertigen Doppelseite. Fahre dazu mit der Lupe über den roten Kasten. Hake deine Lösungen ab oder berichtige sie.

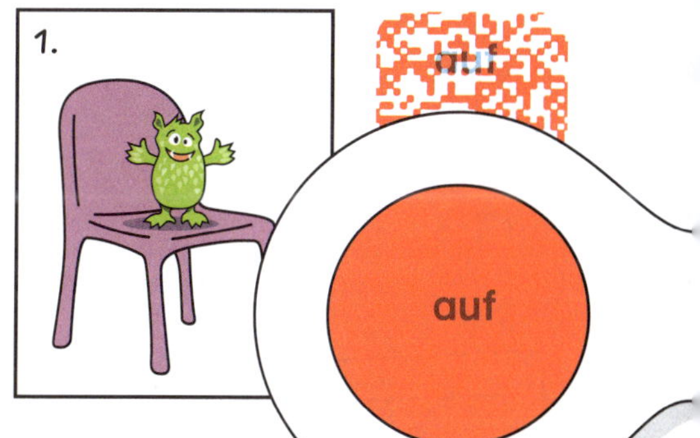

- Das Bonbon für Schnelle: Mit dieser Zusatzaufgabe kannst du dein Wissen spielend leicht erweitern!

- Schätze deine Leistung selbst ein: Klebe einen Monstersticker an die entsprechende Stelle.

- Hast du das Heft vollständig gelöst, überlege dir, was du noch üben möchtest.

Nun wünsche ich dir monsterhafte Freude und viele neue Erkenntnisse!

Wo?

- **Suche in einer Zeitschrift oder Zeitung zu jedem Wort ein passendes Bild.**
- **Klebe die Bilder ein.**

in

zwischen

vor

auf

unter

neben

Regel 1

hinter

an

über

Sage einem anderen Kind, wo es seine Schulsachen platzieren soll, z. B. „Lege deinen gelben Stift auf dein Heft."
Kontrolliere dein Gegenüber, ob es deine Angaben richtig umsetzt.

Kann ich super !	*Kann ich gut !*	*Kann ich ein wenig.*	*Muss ich noch üben.*

Wo ist das Monster? (1)

- **Trage die passenden Präpositionen ein.**

zwischen | über | hinter | vor | auf | neben | in | an | unter

1. hinter 2. vor 3. auf 4. zwischen 5. unter 6. in 7. neben 8. an 9. über

- **Male in jeden Kasten eine Präposition.**
  Lasse ein anderes Kind raten, welche es sein könnte.

Erkläre jemandem eine Ortsangabe, ohne sie zu nennen. Du musst sie also umschreiben!

Kann ich super!	Kann ich gut!	Kann ich ein wenig.	Muss ich noch üben.

Klebe den Sticker an die passende Stelle.

Wo ist das Monster? (2)

- **Wo ist das Monster? Kreuze an.** ⊗

1.

- ○ hinter
- ○ unter
- ○ auf

2.

- ○ auf
- ○ unter
- ○ hinter

3.

- ○ um
- ○ hinter
- ○ vor

4.

- ○ unter
- ○ auf
- ○ hinter

5.

- ○ neben
- ○ über
- ○ zwischen

6.

- ○ hinter
- ○ unter
- ○ über

7.

- ○ an
- ○ in
- ○ vor

8.

- ○ vor
- ○ zwischen
- ○ neben

9.

- ○ hinter
- ○ an
- ○ in

1. auf 2. unter 3. vor 4. hinter 5. neben 6. über 7. an 8. zwischen 9. in

- **Lies die Präpositionen und zeichne das Monster ein.**

neben

vor

unter

hinter

über

zwischen

*Nimm ein leeres Blatt.
Zeichne ein Haus darauf.
Zeichne in und um das
Haus zu jeder Präposition
ein Monster.*

Kann ich super !	Kann ich gut !	Kann ich ein wenig.	Muss ich noch üben.

10 Wo ist das Monster? (3)

- **Wo ist das Monster im angegebenen Feld? Schreibe die Präpositionen auf. Achte auf die richtige Schreibweise.**

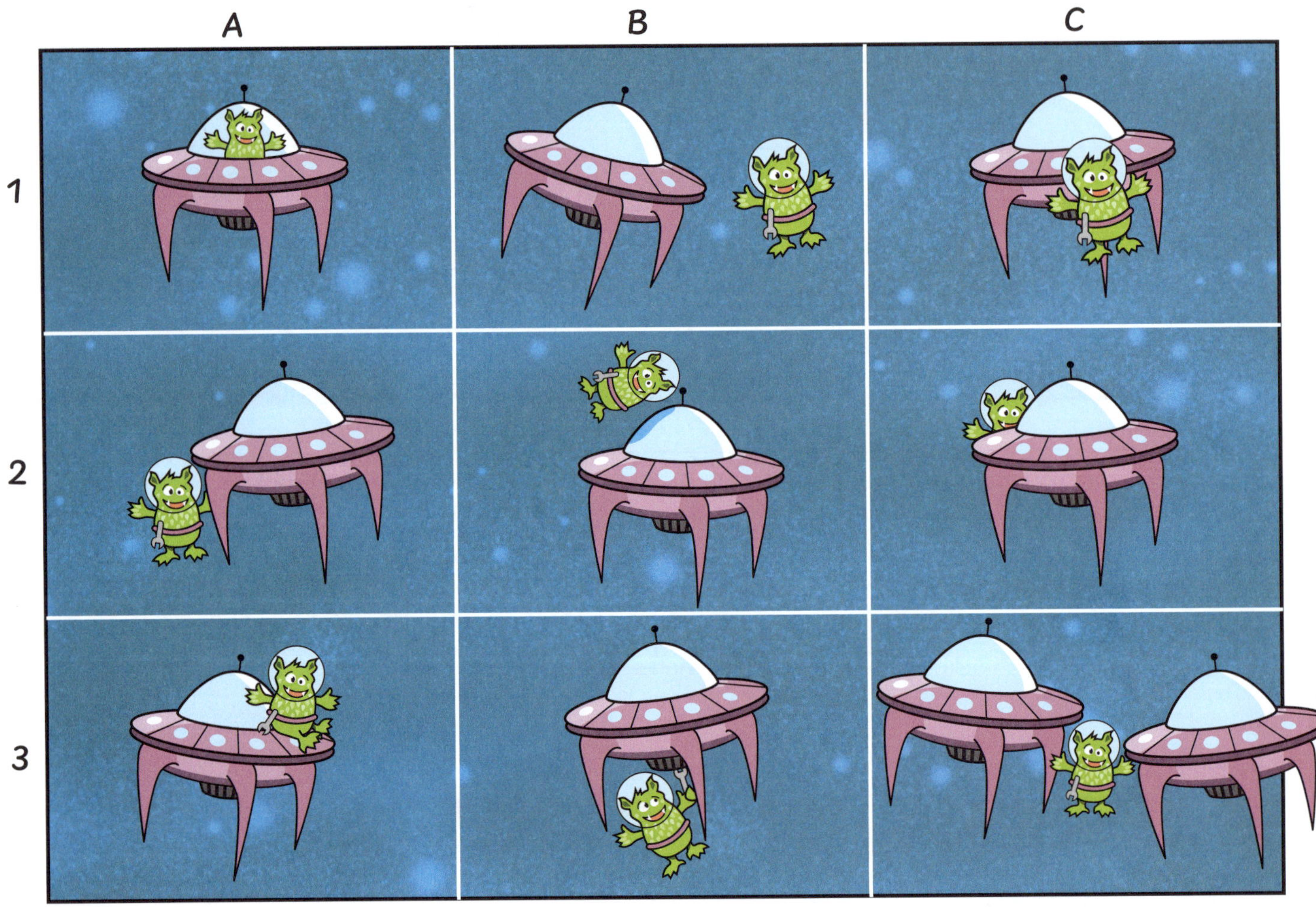

A1: im	B1: neben	C1: vor
A2: an	B2: über	C2: hinter
A3: auf	B3: unter	C3: zwischen

Regel 2

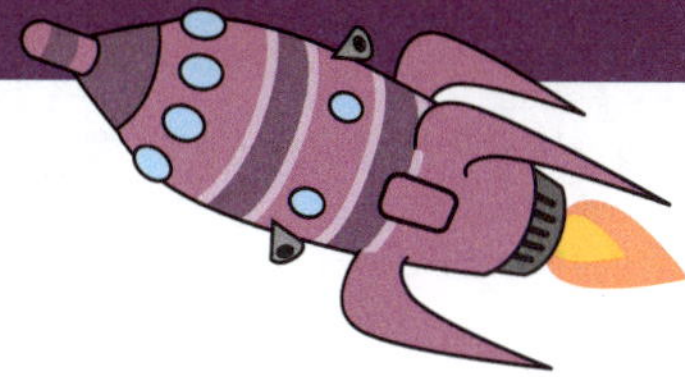

A 1 ______________________

A 2 ______________________

A 3 ______________________

B 1 ______________________

B 2 ______________________

B 3 ______________________

C 1 ______________________

C 2 ______________________

C 3 ______________________

Zeichne hier ein Monster, das mir gegenübersteht.

Kann ich super! | Kann ich gut! | Kann ich ein wenig. | Muss ich noch üben.

Klebe den Sticker an die passende Stelle.

Wo sind die Monster?

- **Wo sind die Monster? Schreibe je einen Satz. Nutze Präpositionen.**

1. ______________________________

2. ______________________________

3. ______________________________

4. ______________________________

5. ______________________________

6. ______________________________

7. ______________________________

Zeichne ein gelbes Kissen auf das Sofa.

Lösungsmöglichkeiten:
1. An der Wand hängt ein Monster-Bild.
2. Das Monster sitzt auf dem Sofa.
3. Das Monster sitzt hinter dem Sofa.
4. Vor dem Tisch steht ein Monster.
5. Das Monster sitzt unter dem Tisch.
6. Ein Monster liegt auf dem Teppich.
7. Das Monster lehnt an der Wand.

Kann ich super! | Kann ich gut! | Kann ich ein wenig. | Muss ich noch üben.

Wie gut hat das geklappt?

Was stimmt?

- **Lies die Sätze genau. Welcher passt zum Bild? Kreuze an. ⊗**

1

Ⓐ Der Mann steht unter der Dusche.

Ⓑ Der Mann steht vor der Dusche.

Ⓒ Der Mann steht neben der Dusche.

2

Ⓐ Das Baby sitzt hinter seiner Familie.

Ⓑ Das Baby sitzt auf seiner Familie.

Ⓒ Das Baby sitzt vor seiner Familie.

3

Ⓐ Ein Käfer sitzt zwischen den Tanzenden.

Ⓑ Zwischen den Mäusen tanzt niemand.

Ⓒ Drei Mäuse tanzen zusammen.

4

Ⓐ Die Vorleserin sitzt hinter Lena und Lukas.

Ⓑ Die Vorleserin sitzt vor einem Stuhl.

Ⓒ Die Vorleserin sitzt auf einem Stuhl.

5

Ⓐ Sie fährt ohne Mütze Skateboard.

Ⓑ Sie fährt mit dem Skateboard.

Ⓒ Sie fährt mit ihrem Freund Skateboard.

6

Ⓐ Der Fisch hat einen Angler geangelt.

Ⓑ Der Fisch hat eine Angel in der Hand.

Ⓒ Unter dem Fisch schwimmt ein Angler.

7

Ⓐ Das Kind sitzt am Sattel des Pferdes.

Ⓑ Das Kind sitzt über dem Sattel.

Ⓒ Das Kind sitzt im Sattel des Pferdes.

8

Ⓐ Lina sitzt hinter zwei Kindern.

Ⓑ Lina sitzt zwischen zwei Kindern.

Ⓒ Lina sitzt neben zwei Kindern.

Kann ich super !	Kann ich gut !	Kann ich ein wenig.	Muss ich noch üben.

Wer ist vorne?

- **Lies die Sätze auf der rechten Seite. Unterstreiche die Präpositionen.**
- **Klebe die Renn-Monsterchen vom Stickerbogen an die richtige Stelle.**

- ◯ Das rosa Monster springt über den ersten Stein. — über
- ◯ Das gelbe Monster ist direkt vor ihm. — vor
- ◯ Das blaue Monster rennt neben dem dritten Stein. — neben
- ◯ Hinter dem blauen Monster sprintet das braune Monster. — hinter
- ◯ Das rote Monster ist direkt vor dem Ziel. — vor
- ◯ Zwischen dem gelben und dem braunen Monster strengt sich das grüne Monster an. — zwischen

Zeichne selbst eine Rennstrecke für Schnecken. Sage einem anderen Kind, wo es die Schnecken einzeichnen soll. Verwende zum genauen Beschreiben die Präpositionen.

Das ist die richtige Reihenfolge:
1. rosa Monster, 2. gelbes Monster, 3. grünes Monster,
4. braunes Monster, 5. blaues Monster, 6. rotes Monster

Kann ich super!	Kann ich gut!	Kann ich ein wenig.	Muss ich noch üben.

Hast du alle Monster richtig eingeklebt?

Richtig orientiert?

- **Betrachte das Bild ganz genau.**
  Lies die Sätze. Kreuze an: richtig ⊗ oder falsch ⊗ ?

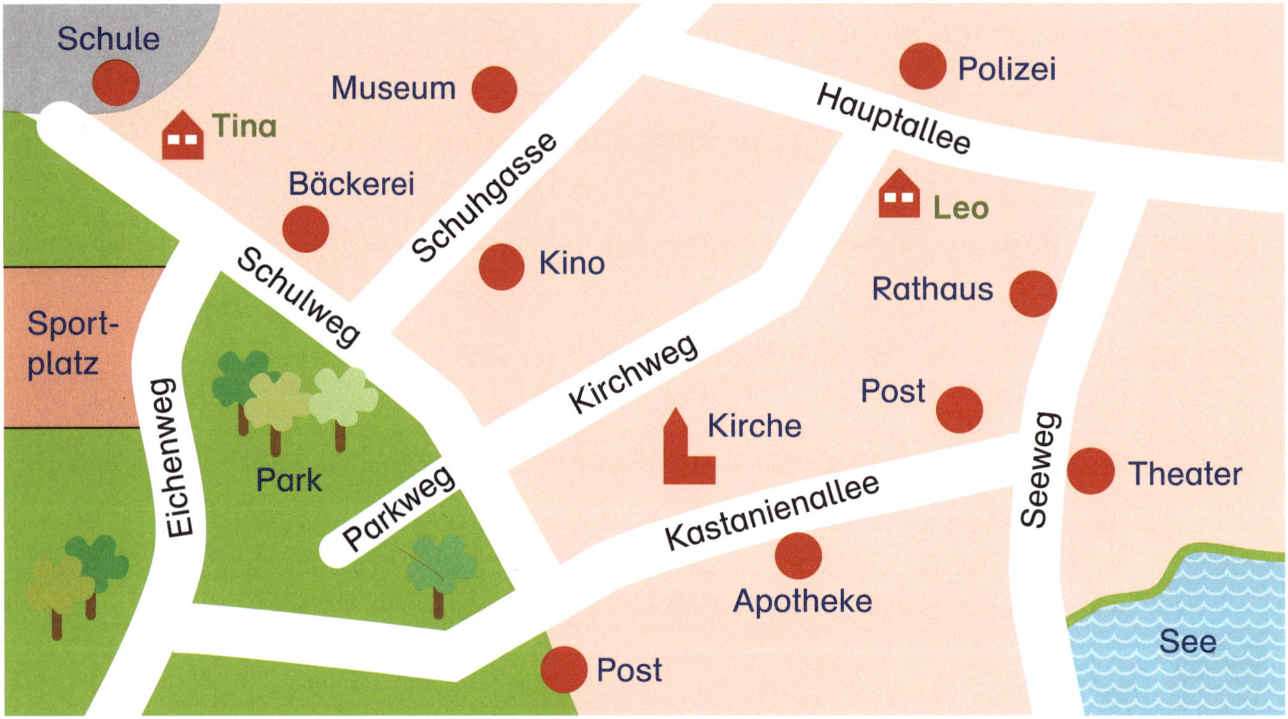

1. Der See befindet sich in der Nähe des Theaters.		
2. Zwischen dem Kino und dem Sportplatz ist ein Park.		
3. Die Kirche ist gegenüber von der Apotheke.		
4. Neben der Post ist das Theater.		
5. Die Kirche steht in einem Wald.		

- **Setze die richtigen Präpositionen ein.**

in | zwischen | neben | gegenüber

1. Tina wohnt ______________ der Schule.
2. Die Post liegt ______________ der Kirche und dem Rathaus.
3. Leo wohnt ______________ der Polizei.
4. ______________ der Schule und der Bäckerei wohnt Tina.
5. Der Schulweg liegt ______________ der Bäckerei und dem Park.
6. ______________ dem Park stehen riesige Bäume.
7. ______________ dem See befindet sich das Theater.

1. neben
2. zwischen
3. gegenüber
4. Zwischen
5. zwischen
6. In
7. Neben

Verwende die Präpositionen in, zwischen, neben und gegenüber.

Kann ich super! — *Kann ich gut!*

Kann ich ein wenig. — *Muss ich noch üben.*

Was ist dort?

- **Auch andere Angaben sagen, wo etwas ist.
  Schau das Haus genau an.**

Regel 3

*Schreibe Sätze zum Bild auf ein Blatt. Nutze die Wörter aus dem Regelkasten.
Beispiel: Oberhalb des Waschbeckens hängt ein Spiegel.*

- **Zeichne die richtigen Gegenstände mithilfe der Angaben.**

1. oberhalb des Badezimmers
2. abseits des Hauses
3. entlang des Fensters
4. unterhalb des Schlafzimmers
5. innerhalb des Badezimmers
6. inmitten des Schlafzimmers

Lösungsbeispiel:

1. Schreibtisch
2. Baum
3. Sofa
4. Küchenzeile
5. Badewanne
6. Bett

Kann ich super !	Kann ich gut !	Kann ich ein wenig.	Muss ich noch üben.

Welches Monster ist gemeint?

- **Schau dir die Monster genau an.**

1

2

3

4

5

6

- **Lies nun die Sätze. Ordne jedem Satz das passende Bild zu. Trage die Buchstaben links in den Bildern ein.**

Ⓐ Das Monster steht innerhalb der Baustelle.

Ⓑ Das grüne Monster steht abseits der drei Monster.

Ⓒ Das rosa Monster steht oberhalb der anderen beiden Monster.

Ⓓ Das Monster geht den Weg entlang.

Ⓔ Das grüne Monster steht inmitten der anderen Monster.

Ⓕ Das Monster steht unterhalb des Sternenregens.

Kann ich super!

Kann ich gut!

Kann ich ein wenig.

Muss ich noch üben.

Richtig gemalt?

- **Lies den Text. Male im Foto entsprechend dazu.**

- [ ] Neben dem Bein des Monsters wächst eine Blume.
- [ ] Direkt vor dem Monster liegt ein grauer Stein.
- [ ] Unter dem Stein liegt ein grünes Blatt.
- [ ] Über dem Kopf des Monsters fliegt ein Vogel.
- [ ] Der Vogel fliegt zwischen zwei hellblauen Wolken.
- [ ] Im Ohr trägt das Monster einen Ohrring.

*Hier ein Tipp:
Hake ab, wenn du etwas gezeichnet hast. So siehst du, was du noch erledigen musst.*

Hier müsstest du Folgendes ergänzt haben:

- Blume neben dem Monster
- Stein vor dem Monster
- grünes Blatt unter dem Stein
- fliegender Vogel über dem Monster
- hellblaue Wolken rechts und links des Vogels
- Ohrring beim Monster

- [ ] Das kleine Monster steht in einem grünen Badezimmer.
- [ ] Das Fenster hinter dem Monster ist geöffnet.
- [ ] Im Fenster sitzt ein kleiner roter Vogel.
- [ ] Das Monster hat eine Zahnbürste in der Hand.
- [ ] Über dem Waschbecken hängt ein Spiegel.
- [ ] Unter dem Waschbecken steht ein Eimer.

Hier müsstest du Folgendes ergänzt haben:
- Hintergrund grün malen
- geöffnetes Fenster
- roter Vogel im Fenster
- Das Monster hat eine Zahnbürste in der Hand.
- Über dem Waschbecken ist ein Spiegel.
- Unter dem Waschbecken ist ein Eimer.

Kann ich super!

Kann ich gut!

Kann ich ein wenig.

Muss ich noch üben.

Wohin?

- **Wohin fliegt der Ball?**
  Ordne jedem Bild eine passende Zielangabe aus dem Kasten zu. Schreibe auf.

an | hinter | neben | auf | in | über | zwischen | vor

1  ____________

2  ____________

3  ____________

4  ____________

5  ____________

6  ____________

7  ____________

8 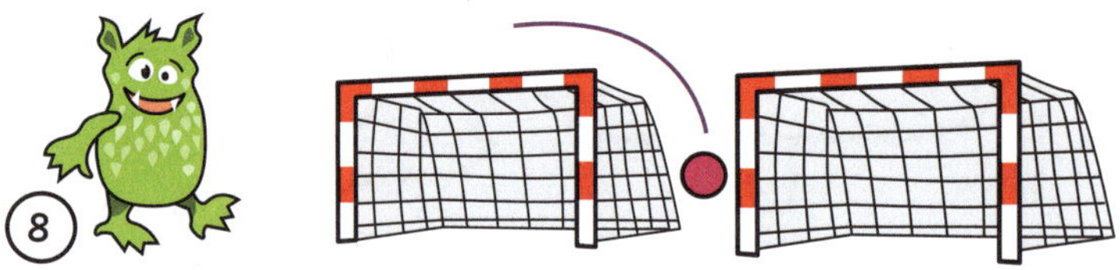 ____________

Regel 4

1 an
2 auf
3 hinter
4 in
5 neben
6 über
7 vor
8 zwischen

- **Ergänze die Sätze. Achte auf die richtige Form am Satzende.**

1. Sie legt den Ball ______________________________ (auf, die Treppe).
2. Er wirft den Ball ______________________________ (in, der Korb).
3. Es schleudert den Ball ______________________________ (über, der Zaun).
4. Wir finden den Ball ______________________________ (auf, der Sportplatz).
5. Ihr seht den Ball ______________________________ (neben, das Haus).
6. Der Ball rollt ______________________________ (unter, der Baum).

1. auf die Treppe 3. über den Zaun 5. neben dem Haus
2. in den Korb 4. auf dem Sportplatz 6. unter dem Baum

Spiele mit einem anderen Kind mit einem Ball. Sage ihm, wohin es werfen soll. Kontrolliere dein Partnerkind.

Kann ich super!	Kann ich gut!	Kann ich ein wenig.	Muss ich noch üben.

Schätze dich selbst ein.

Welches Ziel?

- **Lies die Sätze. Unterstreiche in jedem Satz die Zielangabe.**
- **Unterstreiche die Präpositionen doppelt.**

So: Das Monster wirft eine Socke auf den Boden.

Das Monster ist wütend. Es wirft seine Sachen im Zimmer herum:

1. Einen Ball wirft es in den Pokal.
2. Eine blaue Socke wirft es auf sein Kopfkissen.
3. Eine Kette landet über der Stehlampe.
4. Ein zerknülltes Papier landet unter dem Nachttisch.
5. Ein Dartpfeil bleibt in der Wand unterhalb der Bilder stecken.
6. Neben dem Laptop landet eine Bananenschale.
7. In die Schublade der Kommode segelt ein Papierflieger.
8. Einen Teddy wirft das Monster zwischen die Bücher im oberen Regal.

1. in den Pokal
2. auf sein Kopfkissen
3. über der Stehlampe
4. unter dem Nachttisch
5. in der Wand, unterhalb der Bilder
6. Neben dem Laptop
7. In die Schublade
8. zwischen die Bücher, im oberen Regal

No 107 41 – Stickerbogen Präpositionen

Regel 1

Präpositionen sind Verhältniswörter.

Sie beschreiben eine Beziehung zwischen zwei Dingen, z. B.:

Der Vogel sitzt auf dem Baum.

Regel 2

Präpositionen schreibt man klein, nur am Satzanfang nicht.

Regel 3

Es gibt noch andere Präpositionen, mit denen man ausdrücken kann, wo sich etwas befindet, z. B.:
innerhalb, inmitten, längs, entlang, oberhalb, unterhalb.

Regel 4

Wenn es um Zielangaben geht, muss das Nomen gebeugt werden.

Regel 5

Manche Präpositionen geben an, woher jemand oder etwas kommt, z. B. aus, von.
Sie kommt aus Italien.
Er kommt von einer Feier.

Regel 6

Mit manchen Präpositionen können auch Zeitpunkte angegeben werden, z. B. in diesem Jahr, im Jahr 1990.

Regel 7

Präpositionen werden oft zusammen mit den Jahreszeiten genutzt, z. B. im Herbst.

Regel 8

Präpositionen verwendet man auch bei den Monaten, z. B. im März.

Regel 9

Wochentage stehen oft in Verbindung mit einer Präposition: am Montag. So beschreibt man Zeitangaben genauer.

Regel 10

Tageszeiten geben an, wann etwas passiert. Oft nutzt man dafür die Präpositionen am oder in, z. B. am Mittag, in der Nacht.

Regel 11

Mit Präpositionen kann man ein Vorgehen wie den Tagesablauf beschreiben: erst, zuerst, dann, danach, nach, gegen, ab.

Regel 12

Auch bei den Uhrzeiten nutzt man Präpositionen, um Zeitpunkte anzugeben, z. B. um 12 Uhr, ab 9 Uhr, seit 16 Uhr.

Regel 13

Wenn du eine Zeitspanne oder Zeitdauer angeben möchtest, sind Präpositionen hilfreich, z. B. vor /seit /binnen 20 Tagen, während des Essens, innerhalb einer Stunde, von früh bis spät.

Regel 14

Mit Präpositionen kann man die Art und Weise beschreiben, z. B. aus Holz, mit Mütze, unter Druck, bei Hitze, auf Deutsch.

- **Zeichne nun die Gegenstände in das Zimmer des Monsters.**

Kann ich super!	Kann ich gut!	Kann ich ein wenig.	Muss ich noch üben.

Woher?

- **Sieh dir die Pakete an. Aus welchem Land kommen die Inhalte?**

1. Der Käse kommt aus Frankreich.
2. Die Tomate kommt aus Italien.
3. Die Schokolade kommt aus der Schweiz.
4. Der Tee kommt aus England.
5. Das Brot kommt aus Deutschland.
6. Die Tulpen kommen aus Holland.
7. Das Gebäck kommt aus Dänemark.
8. Die Wurst kommt aus Spanien.
9. Der Fisch kommt aus Schweden.

- **Schreibe Sätze dazu. Unterstreiche die Präpositionen.**

1. ____________________

2. ____________________

3. ____________________

4. ____________________

5. ____________________

6. ____________________

7. ____________________

8. ____________________

9. ____________________

Regel 5

Kann ich super! | Kann ich gut! | Kann ich ein wenig. | Muss ich noch üben.

Woher kommst du denn?

- **Unterstreiche in jeder Zeile, woher die Personen kommen.**
- **Schreibe dann nur die Präpositionen auf.**

Beispiel: Sie kommen gegen 14.00 Uhr von der Beerdigung zurück.

1. Er hat einen Horrorfilm gesehen und kommt gerade aus dem Kino.
2. Ali sieht erholt aus. Er kommt von der Insel Rügen.
3. Lina sieht geschafft aus. Sie kommt von einem Zahnarztbesuch.
4. Herr Meier hat Ohrenschmerzen. Er kommt aus einem viel zu lauten Raum.
5. Mimi und Lilo steigen aus der Achterbahn. Die Fahrt war sehr aufregend.
6. Die Schnecke kriecht unter dem Blatt hervor.

Die Präpositionen sind:

1. ______________________
2. ______________________
3. ______________________
4. ______________________
5. ______________________
6. ______________________

aus dem Kino.
von der Insel Rügen.
von einem Zahnarztbesuch.
aus einem viel zu lauten Raum.
aus der Achterbahn.
unter dem Blatt hervor.

1. aus
2. von
3. von
4. aus
5. aus
6. unter

- **Zeichne die Gesichtsausdrücke.**

Gustav kommt von einer lustigen Geburtstagsfeier.

Rami kommt vom Handballtraining. Es war anstrengend.

Ayshe kommt aus dem Schwimmbad. Sie hat sich mit ihrem Freund gestritten.

Hast du gut zeichnen können? Überprüfe es noch einmal.

Klebe den Sticker an die passende Stelle.

Kann ich super!	*Kann ich gut!*	*Kann ich ein wenig.*	*Muss ich noch üben.*

Woher komme ich?

- **Trage passend ein: *aus, von* oder *ab*.**

1. Ich komme direkt ______ dem Schwimmbad.
2. Ich komme ______ einem Besuch im Zoo.
3. Ich habe meinen Zug verpasst. Nun fahre ich ______ dem nächsten Bahnhof.
4. Das Kälbchen ist so niedlich. Ich komme gerade ______ der Geburt.
5. Ich habe Höhenangst und komme gerade ______ einem Helikopterflug.
6. Ich komme ______ dem Sommerurlaub.
7. Wir kommen ______ einem anderen Planeten.
8. Ich komme gerade ______ meinem Bett.

1. aus
2. von
3. ab
4. von
5. von
6. aus
7. von
8. aus

- **Schreibe die Sätze ab. Unterstreiche die Präpositionen.**

1. ____________________

2. ____________________

3. ____________________

4. ____________________

5. ____________________

6. ____________________

7. ____________________

8. ____________________

Kann ich super!

Kann ich gut!

Kann ich ein wenig.

Muss ich noch üben.

- **Lies die Zeitungsartikel.**
- **Unterstreiche die Präpositionen, die in Verbindung mit dem Jahr stehen.**

Monster-Nachrichten

Gute Apfelernte

Lindau – Die lokale Apfelgesellschaft meldet, dass in diesem Jahr die Ernte sehr gut ausfällt. Dieses Jahr war es nämlich nicht zu trocken.

Torte mit Geschichte

Wien – Die Sängerknaben und der berühmte Dom gehören zu Wien. So auch die berühmte Sachertorte, die vor etwa 200 Jahren von Konditor Franz Sacher erfunden wurde und noch heute seinen Namen trägt.

Immer weniger Schüler

Andermatt – Der Schulleiter berichtet, dass im Jahr 2000 deutlich mehr Kinder in die Schule gingen als 2021.

Mahnmal an der Elbe

Dresden – Die Frauenkirche wurde im 18. Jahrhundert erbaut, während des Zweiten Weltkrieges zerstört und erstrahlt heute wieder in vollem Glanz. Dank vieler Spenden konnte diese Sehenswürdigkeit wieder aufgebaut werden.

Bremer Stadtmusikanten

Bremen – Wahrscheinlich erfanden die Brüder Grimm im Jahr 1819 die Geschichte, die die Stadt so berühmt machte.

Lob der Löcher

Emmental – Die Käserei veranstaltet in diesem Jahr wieder spannende Führungen. Dann können die Besucher das „Emmentaler Gold“ verkosten, das vorher einige Monate im Reifekeller lag.

in diesem Jahr

vor etwa 200 Jahren

im Jahr 2000

im 18. Jahrhundert

im Jahr 1819

in diesem Jahr

- **Schreibe Sätze über dich. Nutze die Präpositionen *im Jahre* und *in diesem Jahr*.**

Ich wurde im Jahr ________ geboren.

Im Jahr ________ war meine Einschulung.

In diesem Jahr lernte ich ________ kennen.

Das hast du toll gemacht!
Wenn du magst, kannst du
deine Sätze jemandem vorlesen!

____

____

____

____

____

*Suche dir eine erwachsene Person aus.
Befrage sie zu ihrer Geschichte.
Erstellt gemeinsam eine Zeitleiste für sie.*

Regel 6

Kann ich super!	Kann ich gut!	Kann ich ein wenig.	Muss ich noch üben.

In welcher Jahreszeit?

- **Zeichne den Baum weiter.**
  Überlege dir, wie er in der jeweils angegebenen Jahreszeit aussieht.

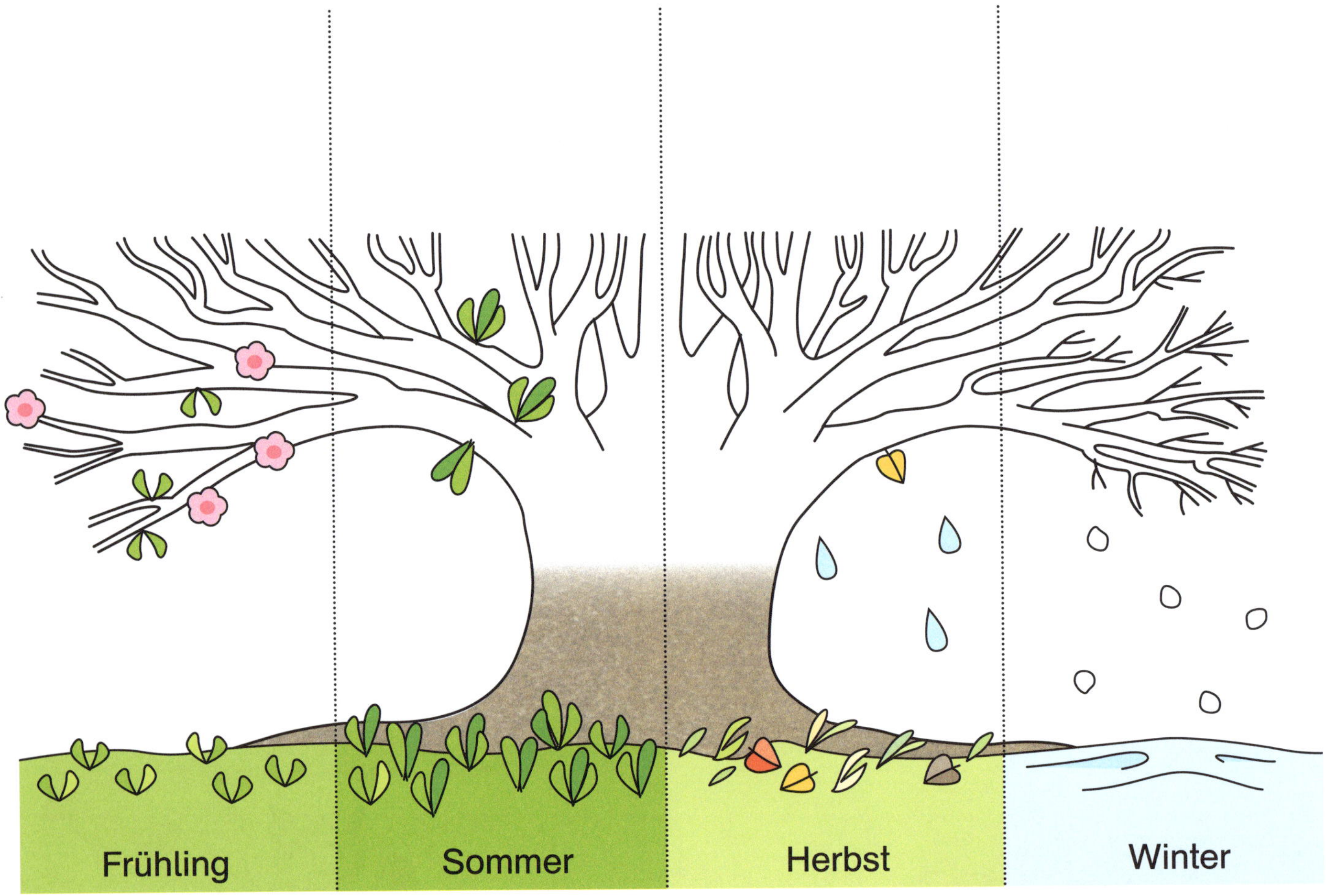

Regel 7

• **Sieh dir die Bilder an. Zu welcher Jahreszeit passt das?**
Schreibe Sätze. Beispiel:  *Im Winter feiern wir Weihnachten.*

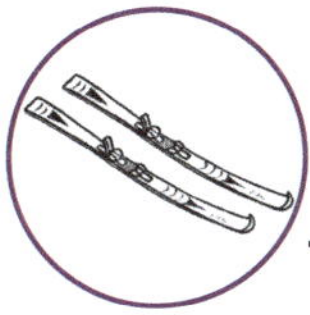

Lösungsmöglichkeiten:
1. Im Sommer schützt die Sonnenbrille die Augen.
2. Im Winter fahren wir Ski.
3. Man kann im Winter einen Schneemann bauen.
4. Im Frühling wachsen die Narzissen.
5. Wir sammeln im Herbst die Kastanien.

Kann ich super! *Kann ich gut!*
Kann ich ein wenig. *Muss ich noch üben.*

In welchem Monat?

- **Sieh dir den Jahreskreis genau an. Ergänze die Lückensätze.**

Regel 8

1. Die Sonnenblumen blühen ____________________.

2. Weil das Wetter ____________________ ständig wechselt, gibt es einen Regenbogen.

3. ____________________ schmücken wir die Wohnung weihnachtlich.

4. Halloween mit geschmückten Kürbissen feiern wir ____________________.

5. Das neue Jahr beginnt ____________________ mit viel Schnee.

6. ____________________ blühen die ersten Blumen.

7. ____________________ gibt es die ersten Kirschen.

8. ____________________ kann es heftig stürmen.

9. Zeit für unseren Pool und ein kühles Eis ist ____________________ .

10. ____________________ können wir Marienkäfer beobachten.

11. Am Strand bauen wir ____________________ eine Sandburg.

12. ____________________ können wir manchmal einen Schneemann bauen.

1. im September
2. im April
3. im Dezember
4. im Oktober
5. im Januar
6. im März
7. im Juni
8. im November
9. im Juli
10. im Mai
11. im August
12. im Februar

Kann ich super ! | *Kann ich gut !* | *Kann ich ein wenig.* | *Muss ich noch üben.*

An welchem Tag?

- **Die Wochentage sind durcheinander gepurzelt. Nummeriere sie. Notiere sie dann in der richtigen Reihenfolge.**

1.
2.
3.
4.
5.
6.
7.

Regel 9

- **Sieh dir deinen Stundenplan an.**
  Beantworte die Fragen dazu in ganzen Sätzen. Schreibe sie auf.

An welchem Tag ist dein längster Schultag?

____

An welchen Wochentagen hast du keine Schule?

____

An welchem Tag beginnt dein Unterricht später?

____

An welchem Wochentag ist Werken?

____

An welchen Tagen geht deine Klasse turnen?

____

An welchem Tag hast du die meisten Lieblingsfächer?

____

An welchen Tagen hast du kreative Fächer (z. B. Musik)?

____

Kann ich super!	Kann ich gut!	Kann ich ein wenig.	Muss ich noch üben.

Wann am Tag?

- **Sieh dir die Wetterübersicht genau an.**

Morgen	Vormittag	Mittag	Nachmittag	Abend	Nacht
17 C°	23 C°	29 C°	27 C°	21 C°	14 C°

Regel 10

- **Vervollständige die Sätze. Schreibe auf.**

Am ______________________ ist es stark bewölkt.

______________________ kann es regnen.

______________________ scheint die Sonne.

______________________ gibt es Gewitter.

______________________ ist es leicht bewölkt.

______________________ steigt die Temperatur auf 29°C.

Kann ich super!

Kann ich gut!

Kann ich ein wenig.

Muss ich noch üben.

Am Nachmittag ist es stark bewölkt.
In der Nacht kann es regnen.
Am Morgen scheint die Sonne.
Am Abend gibt es Gewitter.
Am Vormittag ist es leicht bewölkt.
Am Mittag steigt die Temperatur auf 29°C.

Wie vergeht der Tag?

- **Sieh dir die Bilder an. Überlege dir, wie der Tag abläuft. Nummeriere die Bilder.**

1. aufstehen
2. duschen
3. frühstücken
4. arbeiten
5. einkaufen
6. Hund ausführen
7. zu Abend essen
8. lesen
9. ins Bett gehen

- **Schreibe eine kleine Geschichte zu den Bildern.**
  Verwende dazu die Präpositionen aus dem Regelkleber.

Regel 11

Kann ich super! | *Kann ich gut!* | *Kann ich ein wenig.* | *Muss ich noch üben.*

Toll gemacht! Überprüfe deine Sätze noch einmal. Du kannst sie auch jemandem vorlesen.

- **Sieh dir den Monster-Stundenplan genau an.**

MONSTER-STUNDENPLAN

Zeit	Montag	Dienstag	Mittwoch	Donnerstag	Freitag
7.30 - 8.15		Sachunterricht	Mathe		
8.20 - 9.05	Mathe	Deutsch	Sachunterricht	Mathe	Sport
9.10 - 9.55	Deutsch	Sport	Deutsch	Mathe	Sport
10.15 - 11.00	Werken	Mathe	Musik	Deutsch	Deutsch
11.05 - 11.50	Werken	Musik	Bücherei	Sachunterricht	Sachunterricht
Mittagspause					
13.30 - 14.15				Kunst	
14.20 - 15.05				Musik	
15.15 - 16.00				Flöten	

Regel 12

Lösungsbeispiel:

1. Am Dienstag hast du 9.10 Uhr Sport.
2. Du hast donnerstags 13.30 Uhr Kunst.
3. Ihr geht am Mittwoch 11.05 Uhr in die Bücherei.
4. Am Freitag startet er 10.15 Uhr.
5. Werken ist montags immer ab 10.15 Uhr.
6. Du turnst am Freitag ab 8.20 Uhr.

- **Lies die Fragen. Schreibe die Antworten zum Monster-Stundenplan im Satz auf.**

(1.) Um wie viel Uhr habe ich am Dienstag Sport?

____

(2.) Wann habe ich donnerstags Kunst?

____

(3.) Um welche Zeit gehen wir in die Bücherei?

____

(4.) Wann startet am Freitag der Sachunterricht?

____

(5.) Ab wann ist montags Werken?

____

(6.) Ab wann turne ich am Freitag?

____

Kann ich super! | Kann ich gut! | Kann ich ein wenig. | Muss ich noch üben.

Von wann bis wann?

- **Lies die Sätze. Das alte Monster erzählt dir von seinem Leben.**
- **Unterstreiche alle Präpositionen, die dir etwas über die Zeit seiner Erlebnisse verraten.**

Vor 345 Jahren wurde ich geboren.

Seit 170 Jahren bin ich mit Moma glücklich verheiratet.

Innerhalb weniger Sekunden wusste ich, dass ich sie heiraten will.

Von 1977 bis 2020 war ich auf Weltreise.

Über 100 Jahre bin ich nun schon begeisterter Bergsteiger.

Einen Sprachaufenthalt in Monstabaur machte ich für etwa drei Jahre.

Moma sagt, man darf während des Essens nicht schmatzen.

Sie wird mich wohl zeit meines Lebens daran erinnern müssen.

Regel 13

- **Was hat das Monster erlebt? Zeichne Bilder.**

Die Bilder könnten zeigen:

Baby-Monster

Hochzeit

Weltreise / Globus

Berg

Sprachaufenthalt / Sprechblasen

Monster isst / Besteck

Kann ich super!

Kann ich gut!

Kann ich ein wenig.

Muss ich noch üben.

Wie genau? (1)

- **Lies die Beschreibungen. Zeichne die passenden Bilder dazu.**

1. Ring aus Gold	2. Schlauchboot ohne Luft	3. Hut mit Loch
4. Adler mit roter Feder	5. Burg aus Sand	6. Haus aus Stein
7. Monster ohne Ohren	8. Bratwurst mit Senf	9. Schokolade mit Nüssen

- **Bilde aus den Wortgruppen Sätze. Schreibe sie auf. Unterstreiche in deinen Sätzen die Präpositionen.**

aus Holz | bei Hitze | unter Druck | ohne Mut

auf Französisch | mit Freude | auf Englisch | unter Anstrengung

Regel 14

aus Holz, bei Hitze, unter Druck, ohne Mut,
auf Französisch, mit Freude, auf Englisch, unter Anstrengung

Kann ich super! | Kann ich gut! | Kann ich ein wenig. | Muss ich noch üben.

- **Lies die Sätze. Unterstreiche die Präpositionen.**

Mountainbike Neuheit

Unser neues Bike ist aus Karbon.
Es wurde mit viel Herzblut entwickelt und unter Verwendung der modernsten Technik produziert.
Das Bike gibt es natürlich mit höhenverstellbarem Sattel.
Die Bremse funktioniert mit Hydraulik.
Aus recycelten Gummiresten bestehen die Räder. Auch bei Regen sollten die Reifen nicht wegrutschen.

aus Karbon
mit Herzblut
unter Verwendung
mit höhenverstellbarem Sattel
mit Hydraulik
Aus recycelten Gummiresten
bei Regen

- **Denke dir selbst ein Fantasieprodukt aus. Male es in den Rahmen.**
- **Schreibe dann Sätze zu deinem Produkt auf.**
  Verwende die Präpositionen *aus, mit, unter, ohne*.

Veranstalte mit anderen Kindern eine Werbesendung. Lest einander eure Texte vor.

Kann ich super !	Kann ich gut !	Kann ich ein wenig.	Muss ich noch üben.

Wie gut kennst du Präpositionen?

- **Schätze dich selbst ein. Überlege, wie gut du dich mit Präpositionen auskennst.**

Das kann ich schon gut:

Das möchte oder muss ich noch üben: